BEI GRIN MACHT SICH IHR WISSEN BEZAHLT

AF141033

- Wir veröffentlichen Ihre Hausarbeit, Bachelor- und Masterarbeit

- Ihr eigenes eBook und Buch - weltweit in allen wichtigen Shops

- Verdienen Sie an jedem Verkauf

Jetzt bei www.GRIN.com hochladen und kostenlos publizieren

Interviews, Gruppendiskussionen und Inhaltsanalysen als Aspekte des wissenschaftlichen Arbeitens

J. Lückert

GRIN

Bibliografische Information der Deutschen Nationalbibliothek:

Die Deutsche Nationalbibliothek verzeichnet diese Publikation in der Deutschen Nationalbibliografie; detaillierte bibliografische Daten sind im Internet über http://dnb.d-nb.de abrufbar.

ISBN: 9783346891471
Dieses Buch ist auch als E-Book erhältlich.

Druck und Bindung: Books on Demand GmbH, Norderstedt Germany
Gedruckt auf säurefreiem Papier aus verantwortungsvollen Quellen

Das vorliegende Werk wurde sorgfältig erarbeitet. Dennoch übernehmen Autoren und Verlag für die Richtigkeit von Angaben, Hinweisen, Links und Ratschlägen sowie eventuelle Druckfehler keine Haftung.

Das Buch bei GRIN: https://www.grin.com/document/1347941

SRH Fernhochschule

Wissenschaftliches Arbeiten – Vertiefung Einsendeaufgabe für Alternative A

Inhaltsverzeichnis

Anlageverzeichnis

Aufgabe 1

Apple Inc. Ist ein amerikanisches Technologieunternehmen, welches Computer, Smartphones und Unterhaltungselektronik entwickelt.[1] Außerdem werden unter der Marke Betriebssysteme und Anwendungssoftwares vertrieben. Apple wurde 1976 von Steve Jobs, Ron Wayne und Steve Wozniak gegründet und zählt heute zu den führenden Technikunternehmen[2]. Besonders für Marktführer spielt das Image und die Reputation eines Unternehmens eine wichtige Rolle. Um einen Überblick über die Marke Apple zu erhalten, werden die Dimensionen Verantwortung, Attraktivität, Qualität und Performance näher betrachtet. Mit Hilfe von drei wichtigen Stakeholdern soll in Form eines Interviews Klarheit zur Unternehmensreputation geschaffen werden. Dazu werden ihnen wichtige Fragen zu den genannten Dimensionen gestellt.

1.1 Konzeption eines qualitativen Interviewleitfadens

Interviews können nach ihrem Standardisierungsgrad unterschieden werden. Es gibt drei Arten der Interviewtechnik: das standardisierte, halbstandardisierte und nichtstandartisierte Interview. Ein Interview ist eine Befragung durch einen Fragesteller, mit dem Ziel, Informationen und Sachverhalte zu ermitteln[3]. Bei einem Interview spricht der Interviewer mit einer oder mehreren Personen aus einem speziellen Fachgebiet. Bei einem standardisierten Interview gibt es einen fest vorgegebenen Fragebogen, in diesem werden allen Beteiligten identische Fragen gestellt.[4] Eine Auswahl an Antworten ist vorgegeben und lässt kaum Spielraum für eine abweichende Formulierung. Die Fragen werden stets in gleicher Reihenfolge gestellt und dem Interviewer ist es nicht möglich zusätzliche Fragen hinzuzufügen. Im Gegensatz zu dieser Interviewart gibt das nichtstandardisierte Interview viel Spielraum für den Interviewer. Die Interaktionen ähneln einer freien Diskussion, die an keinen strikten Ablaufplan gebunden ist. Bei einem solchen Interview kann der Interviewer den Ablauf selbst bestimmen und spontan auftretende Fragen stellen.

---

[1] Vgl. Isaacson (2012), S. 523
[2] Vgl. MacHistory (2019)
[3] Vgl. Obermann/Solga (2017), S.5
[4] Vgl. Ornau (2015), S.12

Außerdem ist es möglich auf Stimmungen und Antworten des Befragten einzugehen. Trotzdem muss der Interviewer, wenn nötig, das Gespräch in eine bestimmte Richtung lenken, die für das Thema relevant ist.[5] Das halb-standardisierte Interview stellt eine Zwischenform der eben erläuterten Arten dar. Es gibt zwar einen Fragebogen, das heißt die Fragen werden bereits im Vorhinein formuliert, jedoch kann der Interviewer diese Reihenfolge und deren Formulierung ändern.[6] Der komplette Gesprächsverlauf ist schließlich flexibler, da der Fragende Spielraum hat, um auf die Antworten einzugehen.

Um die Unternehmensreputation von Apple zu messen, wird die Methode des halb-standardisierten Interviews angewendet. So soll sichergestellt werden, dass alle relevanten Dimensionen erfragt und untersucht werden. Weiterhin geht es darum, Informationen aus der Sicht des Gesprächspartners zu erfahren und diese interpretativ zu rekonstruieren.[7] Fragen sollten so formuliert werden, dass sie zu der befragten Person passen. Hier sollte man die verschiedenen Arten von Stakeholdern betrachten. Interne Stakeholder, wie z.B. direkte Mitarbeiter, Abteilungsleiter oder Manager haben eine andere Auffassung von Unternehmenskenntnissen als externe Stakeholder, wie etwa Kunden, Lieferanten und Investoren.[8] Aus beiden Arten sollten ungefähr gleich viele Stakeholder befragt werden. Diese Auswahl ermöglicht einen Einblick in die interne und externe Perspektive eines Unternehmens. Die Reputation einer Firma, besonders einer so einflussreichen wie Apple, wird von involvierten Personen anders beurteilt als von Außenstehenden. Befragte Personen sollten schon mehrere Jahre für Apple arbeiten, um aussagekräftige Informationen liefern zu können. Menschen, die schon mehrere Jahre in einer Firma arbeiten haben einen intensiveren Blick auf das Unternehmen und sind in der Regel ehrlicher und konkreter. Außerdem sollten die Interviewpartner einen guten Umgang mit Apple Produkten haben und diese auch im privaten Bereich nutzen. Dies gilt besonders für die Stakeholdergruppe der Kunden.

---

[5] SpokenCompany (2018)
[6] SpokenCompany (2018)
[7] Vgl. Reinders (2012), S.84
[8] Vgl. GPM (2015)

Zusätzlich wäre es förderlich, Personen unterschiedlichen Alters zu befragen. Jüngere Personen haben oft andere Meinungen und Interessensbereiche als ältere Mitarbeiter. Es sollte eine weitgefächerte Gruppe entstehen, um einen umfangreichen Einblick zu gewährleisten. Zusätzlich sollte darauf geachtet werden Männer und Frauen gleichermaßen zu interviewen, zumindest sollte ein fairer Maßstab gefunden werden. Männer und Frauen legen ihren Fokus auf unterschiedliche Themen und fassen eventuell das gesamte Leitbild einer Firma anders auf. Nachdem nun die Auswahl der Befragten feststeht und ein Interviewleitfaden erstellt wurde, ist die Vorbereitungsphase fast abgeschlossen. Nun muss ein Gesprächstermin vereinbart werden. Die Interviewpartner sollten am besten per E-Mail kontaktiert werden. In dieser muss sich der Interviewer vorstellen und sein Anliegen erklären. Wichtig ist den Grund, sowie das Thema zu erläutern und die Interviewpartner herzlich einzuladen. Falls das Interview aufgezeichnet werden soll, z.B. mit einer Kamera oder einem Tonband, muss dies vorher abgesprochen werden. Nun wird der Ort, das Datum und die Zeit des Treffens vereinbart. Das Gespräch soll in einem neutralen Umfeld stattfinden, in dem sich der Befragte wohlfühlt und frei antworten kann. Ein Konferenzraum wäre der ideale Ort für das Gespräch. Idealerweise sollten hier nur zwei Personen vor Ort sein, der Interviewer und der Befragte. Weitere anwesende Personen sind hinderlich, da viele Menschen sich beobachtet fühlen und so kürzere und ungenauere Antworten geben. Bei einem Interview handelt es sich immer um eine Live Situation, in der eine persönliche Ebene zwischen dem Interviewer und dem Befragten geschaffen wird. Diese ermöglicht dem Interviewer den Befragten genau zu beobachten: Wie schnell antwortet er? Zögert er? Wirkt er kooperativ?[9] Eine persönliche Befragung ist deshalb stets von Vorteil. Der Befragte wird von nichts und niemanden abgelenkt.[10] Zeitlich sollte der Interviewer sich nach den Wünschen und Arbeitszeiten des Befragten richten. Jedoch sollte darauf geachtet werden, dass ein Interview nicht zu spät stattfindet. Dies kann Auswirkungen auf die Konzentration haben – nicht nur auf die des Befragten, sondern auch auf den Interviewer selbst.

---

[9] Vgl. Bortz/Döring (2016), S.357
[10] Vgl. Raab/Unger (2018), S.114

1.2 Ablauf eines Interviews

Ein Interview beginnt zuallererst mit einer Begrüßung und dass der Interviewer den Befragten herzlich willkommen heißt und sich für dessen Kommen bedankt. Danach erfolgt eine kurze Vorstellung des Interviewers. Dieser gibt einen Überblick über den Ablauf des Gesprächs, die Dauer und Informationen zum Thema. Falls ein Interview aufgenommen wird, muss dies dem Befragten mitgeteilt werden. Im zweiten Schritt erfolgt nun der formale Teil des Interviews. Hier geht es darum den Befragten kennenzulernen. Der Interviewer erfasst zunächst persönliche Daten, wie unter anderem den Namen, das Alter und den Beruf. Außerdem ist in diesem Schritt festzuhalten, in welchem Verhältnis der Interviewpartner zu Apple steht. Im Anschluss erfolgt der Hauptteil des Gesprächs. In diesem werden die vier Reputationstreiber als Dimensionen Attraktivität, Verantwortung, Qualität und Performance ermittelt und näher erläutert.

- Dimension: Verantwortung

    In dieser Dimension soll erörtert werden, wie verantwortlich sich Apple fühlt und gibt. Diese Verantwortung bezieht sich hierbei auf die Umwelt, den Wettbewerb und zur Gesellschaft. Ein Unternehmen wird dann als verantwortungsbewusst wahrgenommen, wenn es den Profit nicht als einzigen Motivator für sein Handel heranzieht.[11] Ein weiterer wichtiger Faktor spielt das Kommunikationsverhalten des Unternehmens, eine korrekte und gewissenhafte Angabe und Veröffentlichung von Informationen ist ein Zeichen für die Aufrichtigkeit des Unternehmens.[12]

- Dimension: Attraktivität

    Ein weiterer Indikator zur Messung der Unternehmensreputation stellt die Attraktivität dar. Diese Dimension gibt Auskunft darüber, wie ansprechend Apple für neue potenzielle Arbeitnehmer ist.
    Das Erscheinungsbild eines Unternehmens, sowie der Qualifikationsgrad der Mitarbeiter spielt hier eine wichtige Rolle.[13] Unternehmen, die die besten Mitarbeiter für sich gewinnen können, besitzen für zukünftige Bewerber, wie auch für potenzielle Kunden eine höhere Attraktivität.

---

[11] Vgl. Schwaiger (2004), S.46-71
[12] Vgl. Schwaiger (2004), S.46-71
[13] Vgl. Schwaiger (2004), S.46-71

- Dimension: Qualität

  Qualität stellt einen entscheidenden Faktor im Wettbewerb dar. Daher trägt es auch zur Unternehmensreputation bei und nimmt einen hohen Stellenwert ein.[14] Fragen dieser Dimension sollen zeigen, wie das Preis-Leistungs-Verhältnis und die Qualität der Apple Produkte wirklich sind. Doch auch das Verhalten gegenüber Kunden spielt in dieser Kategorie eine immense Rolle

- Dimension: Performance

  Die Performance gibt Auskunft über die wirtschaftliche Leistung eines Unternehmens. Eine wirtschaftlich stabile Lage, Wachstumspotenzial und die Überschaubarkeit von Risiken zählen zu wichtigen Indikatoren dieser Dimension.[15] Diese Rubrik soll zusätzlich zeigen, wie Geschäftsführer mit Herausforderungen umgehen.

Nachdem alle relevanten Fragen beantwortet wurden folgt nun der Schlussteil des Gesprächs. In diesem Abschnitt können noch zusätzliche Fragen oder Anmerkungen von Befragten erfolgen.[16] Diese Interviewphase ist in der Regel sehr kurz. Der Interviewer bedankt sich nochmals für die Teilnahme und das Beantworten der Fragen. Außerdem muss der Befragte in diesem Teil noch die Einverständniserklärung unterzeichnen. Abschließend erfolgt eine höfliche Verabschiedung und ein eventueller Austausch von Kontaktinformationen, falls im Nachhinein noch Fragen aufkommen sollten.

---

[14] Vgl. Schwaiger (2004), S.46-71
[15] Vgl. Schwaiger (2004), S.46-71
[16] Vgl. Ornau (2015), S.24

1.3 Interviewleitfaden

1. Einleitung

Guten Tag sehr geehrter Herr (…) / Frau (…). Vielen Dank dass sie sich für das heutige Interview Zeit genommen haben. Ich freue mich sehr über ihr Kommen und ihre Bereitschaft mir ein paar Fragen zu beantworten. Mein Name ist J. Lückert und ich bin Studentin an der SRH Fernhochschule Riedlingen. Dort studiere ich Medien und Kommunikationsmanagement im vierten Semester. Gerade befasse ich mich mit dem Modul „Wissenschaftliches Arbeiten – Vertiefung" und genau dafür benötige ich ihre Hilfe. Ich möchte ihnen heute ein paar Fragen zu dem Unternehmen von Apple stellen. Ihr Wissen gibt mir die Möglichkeit die Unternehmensreputation von Apple besser einzuschätzen und zu bewerten. Zuerst werde ich Ihnen ein paar Fragen zu ihrer Person stellen und in welcher Verbindung sie zu dem Unternehmen stehen. Danach werde ich auf die Themenbereiche Qualität, Attraktivität, Verantwortung und Performance eingehen. Zum Ende hin können Sie mir gerne Fragen stellen oder Anregungen geben. Das Interview wird ungefähr 40 - 50 Minuten in Anspruch nehmen. Um mich vollständig auf sie konzentrieren zu können würde ich das Interview mit einem Tonband aufnehmen. Dies hilft mir ebenfalls bei der späteren Auswertung. Ich würde sie darum bitten, die Fragen ehrlich und gewissenhaft zu beantworten. Ihre Antworten werden vertraulich behandelt und anonymisiert. Aus diesem Grund bitte ich sie vorab um die Unterzeichnung der Datenschutzvereinbarung.

2. Formaler Teil

- Wie heißen sie?
- Wie alt sind sie?
- In welcher Beziehung stehen sie zu Apple? (Beruf?)
- Wann war ihr erster Kontakt zu Apple?
- Positive/ Negative Erfahrung?
- Würden sie Apple ihren Freunden/Bekannten empfehlen?
- Wie zufrieden sind sie mit dem Service von Apple?

3. Spezieller Teil

· Dimension: Verantwortung

- Ist Apple ein sehr profitorientiertes Unternehmen?
- Werden Informationen von Apple gegenüber der Außenwelt detailgetreu und wahrheitsgerecht wiedergegeben?
- Gibt es ein faires Wettbewerbsverhältnis zur Konkurrenz?
- Wie wichtig sind gesellschaftliche Themen für Apple?

· Dimension: Attraktivität

- Wie ist Apple als Arbeitgeber? Könnten sie sich vorstellen bei Apple zu arbeiten?
- Finden sie Apple hat als Unternehmen ein gutes Erscheinungsbild?
- Gefällt Ihnen das Design/ Logo von Apple?
- Welche Schul- und Universitätsabschlüsse haben die Mitarbeiter von Apple?
- Gibt es die Möglichkeit Schulungen oder Weiterbildungen zu besuchen?

· Dimension: Qualität

- Finden sie das Preis-Leistungs-Verhältnis von Apple Produkten und Dienstleistungen gerecht?
- Sind sie mit der Apple Qualität zufrieden? Was würden sie verbessern/verändern?
- Besitzen sie privat Apple Produkte oder würden sie sich welche kaufen oder Freunden empfehlen?
- Wie ist der Kundenservice bei Apple?
- Stehen die Wünsche und Bedürfnisse der Kunden im Vordergrund?

· Dimension: Performance

- Ist Apple ein wirtschaftlich stabiles Unternehmen?
- Wird es langfristig an vergangene Erfolge anknüpfen können?
- Welche neuen Produkteinführungen sind geplant?
- Wie sehen sie das Wachstum von Apple?
- Wie sieht die Zukunft von Apple aus?

4. Schlussteil

Ich glaube das waren nun alle Fragen meinerseits, bestehen bei ihnen noch Anmerkungen oder Rückfragen? Wenn sie im Nachhinein doch noch Fragen haben sollten, können sie mich per E-Mail oder Telefon erreichen. Ich bedanke mich nochmals für ihre Zeit und Ehrlichkeit! Dieses Interview hat mir bereits sehr bei meiner Arbeit geholfen und mir einen guten Einblick in das Unternehmen gegeben. Ich wünsche ihnen noch einen schönen Tag und Auf Wiedersehen!

5. Einverständniserklärung[17]

Ich, (Name, Vorname), erkläre mich damit einverstanden, dass das mit mir am (Datum) von J. Lückert geführte Interview auf Tonband aufgenommen und in schriftlicher Form veröffentlicht werden darf, um dies für den angegebenen Forschungszweck nutzen zu können. Ich erkläre mich ebenfalls damit einverstanden, dass Teile des Interviews für Publikationszwecke in der Hausarbeit verwendet werden dürfen. Mir wurde zugesichert, dass alle persönlichen Daten, anonymisiert werden.

Ort, Datum   Unterschrift

---

[17] Vgl. Scribbr (2019)

Aufgabe 2

2.1 Was ist eine Gruppendiskussion?

Die Gruppendiskussion stellt eine qualitative Erhebungsmethode der empirischen Sozialforschung dar und somit den Überbegriff für Methoden der gleichzeitigen Befragung mehrerer Personen[18]. Eine Gruppe diskutiert hier zu einem vorgegebenem Thema in einer bestimmten Zeit und mit einer eindeutigen Zielsetzung.[19] Gruppendiskussionsmethoden unterscheiden sich entweder nach dem Grad der Standardisierung, Offenheit und nach dem Untersuchungsgegenstand. Fokusgruppen stellen ein moderiertes Diskusverfahren von Gruppendiskussionen dar. Bei diesem wird eine Kleingruppe durch einen Input zur Diskussion eines bestimmten Themas angeregt. Der Interviewer spielt hierbei eine wichtige Rolle, da durch diesen mehrere und andere Themen, Verhaltensweisen und Meinungen erörtert werden können, als wenn Individuen allein befragt werden. Der Moderator muss, um so eine Diskussion leiten zu können, über Erfahrungen im Umgang mit Gruppen verfügen, sowie gruppendynamische Abläufe und Effekte verstehen.[20] Ein Interview innerhalb einer Gruppe hat immer einen bestimmten Fokus, den der Moderator im Vorfeld bestimmt hat, um schließlich Antworten für seine Auswertung zu bekommen und seine Marktforschungsziele zu erreichen. Es geht demnach um die Befragung einer spezifischen Zielgruppe zu bestimmten Stimuli und um die Analyse der Meinung der Gruppenteilnehmer.[21] Gruppendiskussionen zielen auf den Austausch über ein vorgegebenes Thema. Idealerweise kommt es zu einer Art „Selbstläufigkeit", das heißt die Teilnehmer bauen im Verlauf eine weitgehend eigenständige verfertigte Diskussion auf. Ein Unterschied zwischen einer offenen Gruppendiskussion und einer Fokusgruppe stellt der Moderator dar. In der Fokusgruppe hat dieser eine aktivere und steuernde Rolle mit einem relativ geringen Leitfaden.[22]

---

[18] Vgl. Mey/Mruck (2010), S.436
[19] Vgl. Schulz (2012), S.9
[20] Vgl. Balzer/Naderer (2007), S.290
[21] Vgl. Schulz (2012), S.7
[22] Vgl. Averbeck-Lietz/Meyern (2015), S.15

[Hinweis der Redaktion: Diese Abbildung musste aus urheberrechtlichen Gründen entfernt werden.]

Abbildung 1: Fokus Gruppe und Gruppendiskussion

Quelle: researchgate.net

2.2 Mögliche Anwendungsfelder von Gruppendiskussionen

Die Methode der Gruppendiskussion findet in verschiedenen Bereichen Anwendung. Die Flexibilität dieser Methode zeichnet sich durch die Anpassung an das zu erforschende Thema aus.[23] Grundsätzlich geht es um die Informationsgewinnung von einer Gruppe als Ganzes und nicht nur um die Meinung des Einzelnen. Auch die Gruppendynamik spielt eine tragende Rolle. Gruppendiskussionen haben sich mittlerweile als Instrument der Marktforschung etabliert. Unter anderem werden sie in der Sozialforschung zur Generierung neuer Forschungsfragen und Hypothesen eingesetzt.[24] Außerdem können sie als Testverfahren dienen, um die Wirkung von medial vermittelten Inhalten herauszufinden, bspw. bei Musiktests von Radiostationen. Ein weiterer Einsatzbereich von Gruppendiskussionen stellt das Assessement Center dar. Hier werden mehrere Bewerber in das Unternehmen eingeladen, um vor Ort Tests, Aufgaben und Interviews durchzuführen.[25] Ein Teil dieses Prozesses stellt das Gruppeninterview dar. Hier müssen die Bewerber nacheinander Fragen beantworten. Auf diese Art kann der Arbeitgeber feststellen, wie der Bewerber sich in der Gruppe verhält. Ist er schüchtern oder aktiv an dem Gespräch beteiligt? Hält er sich zurück oder tritt er in den Vordergrund? Gruppendiskussionen können dem Interviewer viel Aufschluss über die Person in der Gruppe geben. Außerdem kann die Fokusgruppe genutzt werden, um Konflikte zu schlichten oder um bei der Evaluierung von Maßnahmen zu helfen. Es kann auch im politischen Bereich hilfreich sein Gruppendiskussionen zu nutzen, z.B. als Instrument zur Akzeptanzanalyse, etwa bei Gesetzen. Die Gruppendiskussion kann als alleinige Marktforschungsmethode agieren oder zusätzlich zu anderen qualitativen oder quantitativen Erhebungsmethoden eingesetzt werden.[26] Nicht zuletzt werden sie auch zu therapeutischen Zwecken in Psychotherapien verwendet.[27]

---

[23] Vgl. Berger-Grabner (2016), S.143
[24] Vgl. Reachgate (2015)
[25] Vgl. Schulz (2012), S.11
[26] Vgl. Berger-Grabner (2016), S.143
[27] Vgl. BusinessandScience (o.J.)

2.3 Vor- und Nachteile von Gruppendiskussionen

Gruppendiskussionen bringen viele Vorteile mit sich, der wohl größte Gewinn liegt bei dem relativ geringen ökonomischen Aufwand. Der Ressourcenaufwand ist verglichen mit Einzelgesprächen geringer und es entstehen weniger Kosten. Aber nicht nur die finanziellen Ressourcen spielen eine Rolle, sondern auch die zeitlichen. Da mehrere Personen gleichzeitig und nicht nacheinander befragt werden, sind Gruppeninterviews zeiteffizienter.[28] Sie ersparen viel Zeit, sowie Aufwand und Organisation. Außerdem ist es möglich, durch diese Durchführungsweise schnellere und differenzierte Ergebnisse zu erzielen. Für Gruppendiskussionen sprechen zusätzlich die vielfältigen Einsatzmöglichkeiten, sowie die flexible Anpassung des Untersuchungsgegenstandes. Ein weiterer Vorteil ist zusätzlich, dass das kollektive Wissen der einzelnen Teilnehmer eine Gruppe leistungsfähiger macht als den Einzelnen. Außerdem können durch die vielseitigen Gespräche neue Perspektiven und wertvolle Anregungen geknüpft werden. Durch die Situation einer alltäglichen Gesprächsrunde können spontane und freie Meinungen entstehen. Auch die vielfältigen Einsatzmöglichkeiten sprechen für die Nutzung von Gruppendiskussionen, sowie die flexible Anpassung des Untersuchungsgegenstandes. Die alltägliche Gesprächsrunde, die eigentlich viele Vorteile mit sich bringt, kann sich jedoch auch negativ auf die Gruppe auswirken. Einzelne Mitglieder können durch die Meinung anderer in ihrem Standpunkt geschwächt werden. Eine Beeinflussung der Person ist leichter möglich, da eventuell einzelne Mitglieder die Gruppe dominieren und dadurch den Erkenntnisgewinn verringern. Durch die offene Gesprächsrunde ist es außerdem schnell möglich vom eigentlichen Thema abzuweichen. Die Reaktion des Interviewers spielt hier eine tragende Rolle. Dies zeigt, dass die Gruppendynamik sowohl einen Vorteil als auch einen Nachteil des Gruppeninterviews darstellt. Die Gruppendynamik kann dementsprechend zur Verzerrung und Einschränkung der Differenziertheit führen[29].

---

[28] Vgl. Ornau (2015), S.13
[29] Vgl. Heyse/Metzler (1995), S.171

Zusätzlich gilt die Gruppendiskussion zwar als zeitsparend, jedoch dauert die Auswertung eines solchen Gespräches sehr lange. Durch die Vielzahl an Meinungen ist eine Analyse zeitaufwendiger. Trotz Parallelen zwischen Einzel- und Gruppengesprächen muss sich der Interviewer im Vorhinein bewusst sein, welche Informationen er durch die bzw. durch das Gespräch gewinnen möchte.[30]

---

[30] Vgl. Partkommplus (o.J.)

Aufgabe 3

3.1 Inhaltlich strukturierende qualitative Inhaltsanalyse

Nachdem ein Interview geführt wurde, beginnt nun die inhaltliche Analyse des Gesprächs. Man unterscheidet zwischen der quantitativen und der qualitativen Inhaltsanalyse. Die qualitative Inhaltsanalyse ist eine Auswertungsmethode, die die Individualität der einzelnen Texte im Rahmen der Codierung berücksichtigt.[31] In der Regel wird diese Art der Inhaltsanalyse in den Bereichen der Sozialwissenschaften angewendet, wenn z.B. Transkripte von offenen Interviews anfallen[32]. Die inhaltlich strukturierende Inhaltsanalyse lässt sich in sieben Phasen unterteilen,[33] die nun näher erläutert werden und in der folgenden Abbildung kurz dargestellt sind.

[Hinweis der Redaktion: Diese Abbildung musste aus urheberrechtlichen Gründen entfernt werden.]

Abbildung 2: Ablauf der inhaltlich strukturierenden Inhaltsanalyse

Quelle: qualitativeinhaltsanalyse.de

---

[31] Vgl. Rössler (2017), S.19
[32] Vgl. Fenzl/Mayring (2019), S.633
[33] Vgl. Ornau (2015), S.36 ff.

Phase 1: Initiierte Textarbeit

Als erster Schritt wird das Interview sorgfältig gelesen und wichtige Textstellen markiert. Zusätzlich können noch Anmerkungen und Kommentare am Rand notiert werden. Abschließend wird eine kurze Zusammenfassung ergänzt. [34]

Phase 2: Entwicklung von Hauptkategorien

Ziel der zweiten Phase ist es thematische Haupt- und Subkategorien zu bestimmen, denen die einzelnen Textabschnitte inhaltlich und thematisch zugeordnet werden. Dadurch ist eine Strukturierung der Daten möglich. Häufig können die Hauptkategorien schon aus der Forschungsfrage abgeleitet werden. Es ist jedoch möglich, durch intensive Textarbeit weitere Themen heraus zu filtern.[35] Auch in dieser Phase wird mit Randbemerkungen gearbeitet, um so Besonderheiten zu vermerken.

Phase 3: Codierung des bisher vorhandenem Materials

In Phase 3 findet der erste Codierungsprozess statt, das heißt die in Phase zwei entstandenen Kategorien erhalten ein Kürzel welches einzelnen Textstellen zugeordnet wird. Alle vorhandenen Texte werden sequenziell, also Stück für Stück durchgearbeitet. Wenn in einem Textabschnitt unterschiedliche Themen enthalten sind, können diese auch mehrere Kategorien zugeordnet werden oder nicht relevante Stellen bleiben uncodiert. [36]

Phase 4: Zusammenstellung aller Textstellen

In Phase 4 werden die Textstellen, die den gleichen Code enthalten herausgefiltert und systematisch zusammengestellt.[37]

---

[34] Vgl. Kuckartz (2016), S.101
[35] Vgl. Kuckartz (2016), S.101-102
[36] Vgl. Kuckartz (2016), S.102-103
[37] Vgl. Kuckartz (2016), S.103

Phase 5: Bestimmen von Subkategorien

In Phase 5 werden die relativ allgemein gehaltenen Hauptkategorien in weitere Subkategorien herausgefiltert.[38] Die weiter auszudifferenzierten Textstellen jeder Subkategorie werden, zur weiteren Verarbeitung, in einer Liste zusammengestellt

Phase 6: Codierung des vollständigen Materials

Nachdem nun alle Subkategorien bestimmt wurden folgt in Phase 6 der zweite Codierungsprozess. Diese Phase stellt den umfangreichsten Arbeitsabschnitt der Inhaltsanalyse dar. Der komplette Interviewtext wird hier ein drittes Mal durchgelesen und mit dem jeweiligen Code der Subkategorie versehen.[39] Es ist sehr wichtig in diesem Schritt ausreichend Material heranzuziehen. Außerdem wird hier deutlich ob man zuvor sorgfältig gearbeitet hat, denn nun fällt es auf ob die Subkategorie nicht etwa präziser hätten gewählt werden können. Allerdings sollte auch darauf geachtet werden nicht zu stark zu unterteilen.

Phase 7: Kategorie basierte Auswertung

Im letzten Schritt, der inhaltlich strukturierenden qualitativen Inhaltsanalyse geht es schließlich um die Auswertung und die Ergebnispräsentation. Nach Kuckartz lassen sich sieben Formen der Auswertung unterscheiden, wie z.B. die Analyse der Zusammenhänge zwischen Kategorien, durch grafische Darstellung oder durch Fallübersichten.[40] Die Art der Auswertung hängt vom auszuwertenden Text oder der verantwortlichen Person ab.

---

[38] Vgl. Kuckartz (2016), S.106
[39] Vgl. Kuckartz (2016), S.110
[40] Vgl. Kuckartz (2016), S.111

3.2 Ablauf einer evaluativen qualitativen Inhaltsanalyse

Die evaluative qualitative Inhaltsanalyse ist ein weiteres Vorgehen der empirischen Sozialforschung. Es beinhaltet die gleichen Hauptphasen wie die inhaltlich strukturierende Inhaltsanalyse, nämlich die Textarbeit und Kategorie Bildung über die Codierung, sowie schließlich die Ergebnisdarstellung[41]. Es gibt jedoch mehrere kleinere Unterschiede, wie z.B. die Art der Kategorie Bildung. Daher soll im Folgenden der Ablauf noch einmal näher betrachtet werden. In der folgenden Abbildung wird schon mal ein Überblick der zu durchlaufenden Kategorien dargestellt:

[Hinweis der Redaktion: Diese Abbildung musste aus urheberrechtlichen Gründen entfernt werden.]

Abbildung 3: Ablauf der evaluativen Inhaltsanalyse
Quelle: qualitativeinhaltsanalyse.de

Die Bewertungskategorien werden in der ersten Phase festgelegt. Es wird hinterfragt, woher die einzuschätzenden Kategorien kommen und warum gerade diese erfasst werden. Die ausgewählten Kategorien sollten hierbei einen Zusammenhang zur Forschungsfrage aufweisen. Daher ist es notwendig, bereits vor der Analyse zu überprüfen, ob die ausgewählten Bewertungskategorien tatsächlich für die Forschungsfragen bedeutend sind.

---

[41] Vgl. Ornau (2015), S.48

In Phase 2 wird das gesamte Textmaterial durchgearbeitet. Die einzelnen Abschnitte werden mit Codes versehen, die zu den jeweiligen Bewertungskategorien passen. Nachdem die Textstellen bereits in Phase 2 markiert wurden, erfolgt in Phase 3 die kategoriebasierte Auswertung. Die Namen aller je befragten Personen werden in einer Liste zusammengetragen, in dieser werden die Textstellen nach Kategorien sortiert, so entsteht eine Übersicht zu jeder Person und zu jedem von ihr angesprochenen Thema.[42] Diese Tabelle oder Liste bildet die Grundlage für die analytische Hauptarbeit der beiden folgenden Phasen. In Phase 4 erfolgt die Formulierung der Ausprägung der Bewertungskategorien. Um die Ausprägung vornehmen zu können, muss eine ausreichende Anzahl an Textstellen gelesen, bzw. verarbeitet werden. Anschließend wird festgestellt, wie differenziert die Unterscheidungen erfolgen sollen.[43] Muss die Ausprägung anders definiert werden oder etwa erhöht oder verringert? In Phase 5 erfolgt eine endgültige Bewertung und Codierung des gesamten Materials. Dabei sollten bereits gute Beispiele codiert werden, die für die Finale Ergebnisanalyse von Bedeutung sind. Die getroffenen Entscheidungen werden dokumentiert, so kann eine Nachvollziehbarkeit im Nachhinein sichergestellt werden. Die 6. Phase beinhaltet die kategoriebasierte Auswertung in deskriptiver Form. Die evaluative qualitative Inhaltsanalyse unterscheidet sieben verschiedene Auswertungsformen, wie z.B. die Erstellung von Kreuztabellen mit anderen evaluativen Kategorien oder die deskriptive Auswertung einzelner Kategorien. Die Wahl der Auswertungsform hängt von dem Komplexitätsgrad ab. Die Formen mit den höheren Komplexitätsgraden sind Phase 7 zuzuordnen. Es können etwa Kreuztabellen zum Einsatz kommen, bei diesen werden verschiedene evaluative Kategorien in Zusammenhang gebracht und so Einzelfallinterpretationen vorgenommen.[44]

---

[42] Vgl. Kuckartz (2016), S.127
[43] Vgl. Kuckartz (2016), S.127
[44] Vgl. Kuckartz (2016), S.134-139

3.3 Unterschiede beider Analysemethoden

Der wohl größte Unterschied zwischen der inhaltlich strukturierenden qualitativen Inhaltsanalyse und der evaluativ qualitativen Inhaltsanalyse ist die unterschiedliche Art der Kategorie Entwicklung.[45] Bei der 1. Art der Inhaltsanalyse geht es um die thematische Strukturierung und Beschreibung des Textmaterials. Außerdem werden hier häufig Oberkategorien auf der Grundlage von Vorwissen und Unterkategorien aus dem Material generiert. Im Gegensatz dazu ergeben sich bei der 2. Inhaltsanalyse häufig die Oberkategorien aus dem Material. Hier werden Kategorien gewählt, die eine Bewertung der Textstellen erlauben. Es geht also entweder um die reine inhaltliche Textanalyse, bei der primär auf Beschreibung hingearbeitet wird oder um eine detaillierte Inhaltsanalyse, welche eine richtige Bewertung zulässt und bei der themenorientiert gearbeitet werden soll.[46] Die evaluativ qualitative Inhaltsanalyse geht im Gegensatz zur inhaltlich strukturierenden Inhaltsanalyse hermeneutisch imperativ vor, das heißt sie ist ganzheitlicher orientiert. Hier werden Bewertungen auf der Ebene des gesamten Falls vorgenommen. Zusätzlich stellen die Rubriken wie etwa Bewertung und Klassifizierung höhere Anforderung an die Codierung.[47]

Daher werden in der Regel bei der evaluativ qualitativen Inhaltsanalyse zwei Codierungen genutzt. Bei dieser Inhaltsanalyse kann also von einem ganzheitlichen Ansatz gesprochen werden, die einen höheren Grad der Analyse zulässt. Die inhaltlich strukturierte Inhaltsanalyse orientiert sich ausschließlich an den gegebenen inhaltlichen Fakten.[48] Hier wird also der gesamte Fall bewertet und nicht die einzelnen Textabschnitte. Wie man erkennen kann sind besonders die Detailliertheit und Bewertung entscheidende Unterschiede zwischen beiden Inhaltsanalysen.

---

[45] Vgl. Ornau (2015), S.48
[46] Vgl. Kuckartz (2016), S.141
[47] Vgl. Kuckartz (2016), S.140-141
[48] Vgl. Ornau (2015), S.59

4. Literaturverzeichnis

Averbeck-Lietz, S. u. Meyen, M., (2015). Handbuch nicht standardisierter Methoden in der Kommunikationswissenschaft (1Aufl.), Springer Verlag

Berger-Grabner, D., (2016). Wissenschaftliches Arbeiten in den Wirtschafts- und Sozialwissenschaften (3.Aufl.), Gabler Verlag

Brosius, H., (2016). Methoden der empirischen Sozialforschung (7.Aufl.), Verlag für Sozialwissenschaften

Bortz, J. u. Döring, N., (2016). Forschungsmethoden und Evaluation in den Sozial- und Humanwissenschaften (5.Aufl.), Springer Verlag

Dammer, I. u. Szymkowiak, F., (1998). Die Gruppendiskussion in der Marktforschung (1.Aufl.), Westdeutscher Verlag

Fenzl, T. u. Mayring, P., (2019). Handbuch Methoden der empirischen Sozialforschung (1.Aufl.), Springer Verlag

Gläser, J. u. Laudel, G., (2010). Experteninterviews und qualitative Inhaltsanalyse (4.Aufl.), Verlag für Sozialwissenschaften

Heyse, V. u. Metzler, H., (1995). Die Veränderung managen, das Management verändern (1.Aufl.), Waxmann Verlag

Isaacson, W., (2012). Steve Jobs – Die autorisierte Biografie des Apple Gründers (1.Aufl.), btb Verlag

Koschel, K. u. Kühn, T., (2017). Gruppendiskussion – Ein Praxis Handbuch (2.Aufl.), Springer Verlag

Kuckartz, U., (2014). Qualitative Inhaltsanalyse – Methoden (4.Aufl.), Beltz Juventa

Lamnek, S., (2014). Gruppendiskussionen (2.Aufl.), Beltz Verlag

Mack, B. u. Renn, O. u. Schulz, M., (2012). Fokusgruppen in der empirischen Sozialwissenschaft (1.Aufl.), Springer Fachmedien

Mayring, P., (2015). Qualitative Inhaltsanalyse: Grundlagen und Techniken (12.Aufl.), Beltz

Mey, G. u. Mruck, K., (2010). Handbuch Qualitative Forschung in der Psychologie (1.Auf.), Verlag für Sozialwissenschaften

Obermann, C. u. Solga, M., (2017). Jobinterviews professionell führen (1.Auf.), Springer Verlag

Ornau, F., (2015). Studienbrief „Inhaltsanalyse" (1.Aufl.), Riedlingen

Przyborski, A., (2013). Gesprächsanalyse und dokumentarische Methode (1.Aufl.), Springer Verlag

Raab, G. u. Unger, A. u. Unger, F., (2018). Methoden der Marketing Forschung (1.Aufl.), Springer Fachmedien

Rössler, P., (2017). Inhaltsanalyse (3.Aufl.), Konstanz

Schwaiger, M., (2004). Components and Parameters of Corporate Reputation (56. Aufl.), Schmalenbach Business Reviews

Internetquellen

Assessement Center Academy (o.J.). Gruppendiskussionen im Assessement Center; URL https://www.assessmentcenteracademy.de/gruppentests-2/gruppendiskussion-2/ (18.11.2019)

Business and Science (o.J.). Gruppendiskussion; URL https://business-and-science.de/qualitative-auswertungsmethoden/gruppendiskussion/ (21.11.2019)

GPM (2015). Stakeholdermanagement; URL https://www.gpm-ipma.de/fileadmin/user_upload/Know-How/studien/150402_Studie_Stakeholder_Web_Final.pdf (22.11.2019)

Journalistik (2016). Strukturierende qualitative Inhaltsanalyse nach Kuckartz; URL https://journalistik.ku.de/methoden/methoden-der-empirischen-sozialforschung/inhaltsanalyse/qualinhaltsanalyse/strukturierende-qualitative-inhaltsanalyse-nach-kuckartz/ (22.11.2019)

Karrierebibel (2019). Strukturiertes Interview; URL https://karrierebibel.de/strukturiertes-interview/ (15.11.2019)

Kuwi (2010). Einführung in die Methoden der empirischen Sozialforschung; URL https://www.kuwi.europa-uni.de/de/lehrstuhl/vs/polsoz/Lehre-Archiv/lehre-ws10/schwarz-emp-meth/Vorlesung_25112010schwarzwei__.pdf (15.11.2019)

MacHistory (2019). Timeline: Die Geschichte von Apple; URL https://www.mac-history.de/zeitleiste-die-entwicklung-von-apple-seit-1976 (10.11.2019)

Macworld (2006). Apple: The first 30 years; URL https://www.macworld.com/article/1050115/30timeline.html (15.11.2019)

PartKommPlus (o.J.). Vergleich Einzelinterview und Gruppendiskussion; URL http://partkommplus.de/fileadmin/files/Dokumente/ElfE/Merkblaetter-ElfE/10_ElfE_Merkblatt_Vergleich_Einzelinterviews_u_Gruppendiskussione n.pdf (25.11.2019)

Reachgate (2015). Gruppendiskussionen; URL https://www.researchgate.net/publication/280881006_Die_Gruppendiskussio n_in_der_Kommunikationswissenschaft (20.11.2019)

Scribbr (2019). Muster für Einwilligungserklärung; URL https://www.scribbr.de/methodik/einwilligungserklaerung-interview/ (23.11.2019)

Service Zeit (o.J.). Richtig Interviews führen; URL https://service.zeit.de/schule/medienwissen/interviews-fuehren-erfahren-was-man-wissen-will/ (16.11.2019)

Spoken Company (2018). Arten von Interviews; URL https://www.spokencompany.de/arten-von-interviews/ (15.11.2019)

Springer (2009). Gruppendiskussionen; URL https://link.springer.com/chapter/10.1007/978-3-531-91570-8_6 (20.11.2019)

Studi-Lektor (o.J.). Gruppendiskussionen; URL https://studi-lektor.de/tipps/qualitative-forschung/gruppendiskussion.html (19.11.2019)

WPGS (o.J.). Moderation und Ablauf von qualitativen Interviews; URL https://wpgs.de/fachtexte/qualitative-interviews/3-moderation-und-ablauf-von-qualitativen-interviews/ (16.11.2019)